Ute Andresen
Papa im Getümmel

Die Autorin:

Ute Andresen, zwischen Bremen und Hamburg geboren, studierte Psychologie, Soziologie und Geschichte in Tübingen und Hamburg, anschließend besuchte sie die Pädagogische Hochschule in München. Aus dem »Zufallsberuf« Grundschullehrerin wurde schnell der Idealberuf. Später war Ute Andresen auch in der Lehrerausbildung und Lehrerfortbildung tätig. Ihre wichtigsten Fachpublikationen: ›Das erste Schuljahr‹, ›Das zweite Schuljahr‹, ›So dumm sind sie nicht. Von der Würde der Kinder in der Schule‹ und ›Versteh' mich nicht so schnell. Gedichte lesen mit Kindern‹. Für Kinder gab sie u.a. heraus: ›ABC und alles in der Welt‹, ›Bruder Löwenzahn und Schwester Maus‹, die Gedichtesammlung ›Im Mondlicht wächst das Gras‹ und bei dtv junior ›Mama findet alles‹.

Die Illustratorin:

Susann Opel-Götz, 1963 in Bayreuth geboren, studierte Kunst und Literatur in Frankfurt/Main und München, anschließend absolvierte sie ein weiterführendes Studium im Fachbereich Buchillustration an der Akademie der Bildenden Künste, München. Für dtv junior illustrierte sie u.a. die Bände ›Ich hör' so gern Geschichten‹, ›Annapurna‹ von Klaus Kordon, ›Billi möcht gern Pferde streicheln‹ von Angelika Kutsch und ›Mama findet alles‹ von Ute Andresen. Susann Opel-Götz ist inzwischen eine gefragte Kinderbuchillustratorin. Sie zeichnete auch die Bilder zu ›Pedro und die Bettler von Cartagena‹ von Ursula Hasler, ›Max, der Unglücksrabe‹ von Walter Wippersberg und ›6 Eulen und 6 Mäuse‹ von Käthe Recheis.

Ute Andresen

Papa im Getümmel

Mit Bildern von Susann Opel-Götz

Deutscher Taschenbuch Verlag

Von Ute Andresen ist außerdem in der Reihe dtv junior Lesebär erschienen:
Mama findet alles (große Druckschrift), Band 75011

Originalausgabe
Dezember 1991

Umschlaggestaltung: Celestino Piatti
Umschlagbild: Susann Opel-Götz
Gesetzt aus der Garamond 17/22·
Gesamtherstellung: Kösel, Kempten
Printed in Germany · ISBN 3-423-75013-8

Inhalt
REIS

Papa rührt sich nicht

Es ist Sonntag.
Am Sonntag dürfen
Mama und Papa
so lange schlafen,
wie sie wollen.

Um sechs Uhr
ist Max wach.
Er schleicht ans Bett
von Mama und Papa.

Mama macht ein Auge auf.
»Ach, Max, so früh!«
sagt Mama.
Mama dreht sich um.
Papa rührt sich nicht.

Um sieben Uhr
ist Julia wach.
Sie schleicht ans Bett
von Mama und Papa.

Julia schaut Mama an.
Mamas Mund zuckt.
Mama lächelt.
Mama macht die Augen auf.
»Laß mich noch!«
sagt Mama.
Papa rührt sich nicht.

Um acht Uhr
schleichen Julia und Max
ans Bett von Mama und Papa.
Mama schnarcht leise.
Papa rührt sich nicht.

Um neun Uhr
ist Mama wach
und kommt aus dem Bett.

Mama gähnt.
Mama streckt sich.

»Was macht Papa?«
fragt Max.
»Papa rührt sich nicht«,
sagt Mama.

»Papa ist langweilig«,
sagt Max.
»Papa ist müde«,
sagt Mama.

»Ich bin auch müde!«
sagt Julia
und kuschelt sich
in Mamas Bett.
Papa rührt sich nicht.

Feier-Abend

Papa ist Elektriker.
Er arbeitet
den ganzen Tag.

Morgens ist Papa
in der Firma
und repariert
eine Lampe.

Dann geht Papa
mit dem Werkzeug
in die Wäscherei
und repariert
eine Heißmangel.

Dann geht Papa
mit dem Werkzeug
in den Supermarkt
und legt eine Leitung
für eine Tiefkühltruhe.

Dann geht Papa
mit dem Werkzeug
zu Frau Oster
und repariert
eine Steckdose.

Dann baut Papa
an der Haustür
von Frau Oster
eine Sprechanlage ein.

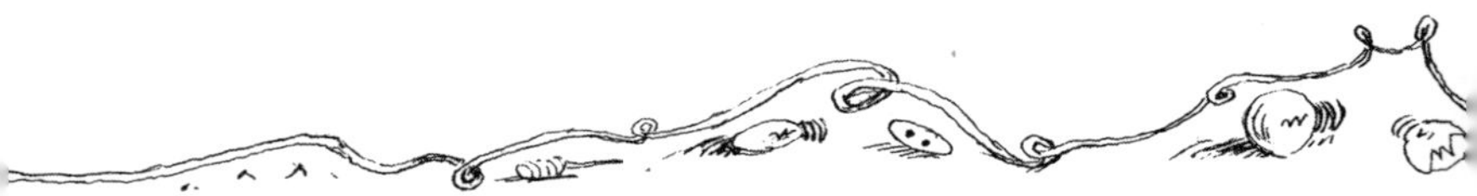

Dann geht Papa
mit dem Werkzeug
in die Firma.
Papa repariert noch
ein Heizkissen
und einen Fön.

Abends geht Papa
ohne Werkzeug
nach Hause.
Papa hat frei.

Mama wartet schon
auf Papa.
Im Wohnzimmer
brennt kein Licht.
Papa soll
die Lampe reparieren.

Aber Papa
zündet Kerzen an.
»Wie gemütlich!«
sagt Julia.
»Feier-Abend!«
sagt Papa.

Warum? – Darum!

Papa hat
ein kleines Album
mit Fotos.
Auf jedem Foto
ist Papa zu sehen.

Vorne im Album
ist Papa klein.
Hinten im Album
ist Papa groß.

Von vorne
nach hinten
durch das ganze Album
wird Papa immer älter.

Max will das Album
mit Papa ansehen.
»So rum!«
sagt Max.
»Von hinten
nach vorne.«

»Warum so rum?«
fragt Papa.
»Darum so rum!«
sagt Max.
»Sei nicht frech!«
sagt Papa.

Ganz hinten im Album
ist Papa elegant:
Haare mit Scheitel,
Anzug mit Krawatte,
schicke Schuhe.

»Lackaffe!«
sagt Max.
»Sei nicht frech!«
sagt Papa.

Weiter vorne im Album
ist Papa etwas wild:
ganz lange Haare,
Hose mit Fransen,
keine Schuhe.

»Gammler!«
sagt Max.
»Sei nicht frech!«
sagt Papa.

Noch weiter vorne im Album
ist Papa sportlich:
ganz kurze Haare,
Badehose,
braune Haut.

»Wie ich!«
sagt Max.
»Stimmt genau!«
sagt Papa.
»Du bist ja auch mein Sohn!«

Ganz vorne im Album
ist Papa niedlich:
gar keine Haare,
kleiner Dickbauch,
Zeh im Mund.

»Das kannst du
nicht mehr«,
sagt Max.
»Sei nicht frech!«
sagt Papa.

Max hebt einen Fuß
bis über den Kopf.
»Bravo!«
sagt Papa.

»Jetzt du!«
sagt Max.
»Keine Lust!«
sagt Papa.

»Warum nicht?«
fragt Max.
»Darum nicht!«
sagt Papa.

»Aha!«
sagt Max.
Max grinst frech.

Papa im Getümmel

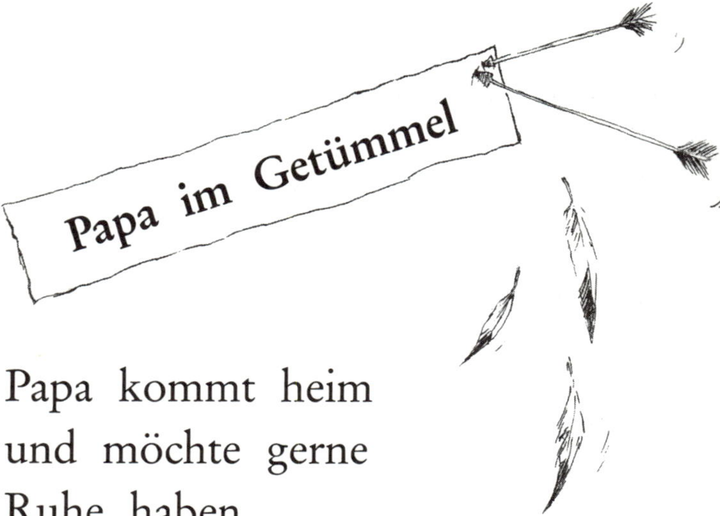

Papa kommt heim
und möchte gerne
Ruhe haben.

Mama möchte,
daß Papa ihr hilft.
Mama will
Möbel schieben.

Julia möchte,
daß Papa ihr hilft.
Julia will
einen Käfig bauen.

Max möchte,
daß Papa ihm hilft.
Max will mit Freunden
Indianer spielen.
Aber keiner mag
der Feind sein.

»Gut«, sagt Papa,
»ich helfe Max!
Ich lege mich
auf die Lauer.«

Max holt schnell
seine Federn
und seine Mokassins.

Mama rumpelt
mit den Möbeln.

Julia hämmert
auf die Bretter.

Die drei Indianer
machen einen wilden
Kriegstanz.

Der Feind liegt
auf der Lauer
und schnarcht.

Papa hat Hunger

Papa kommt nach Hause.
Papa hat Hunger.
Papas Magen knurrt.

Wo ist Mama?
Papa sucht Mama.
Mama ist nicht da.

Wo ist Julia?
Papa sucht Julia.
Julia ist nicht da.

Wo ist Max?
Papa sucht Max.
Max ist nicht da.

Papa findet
in der Küche
einen Zettel
von Julia.

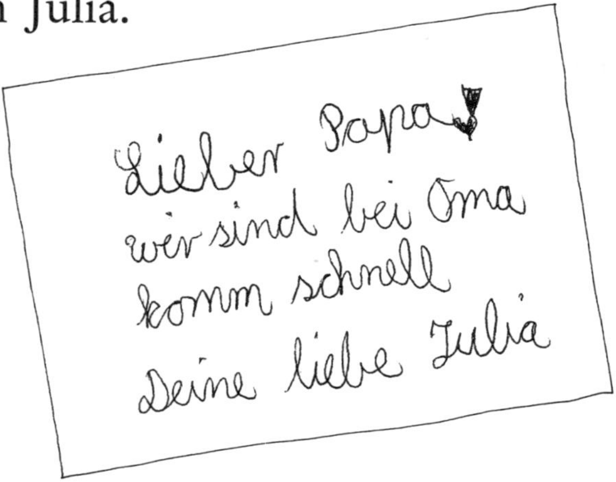

»Knurrrr!«
sagt Papas Magen.
Papa geht zu Oma.

Alle sind bei Oma
in der Küche:
Mama und Max
und Julia.
Alle warten auf Papa.

Das Essen steht
auf dem Tisch.
Das Essen duftet.

»Los!«
sagt Max.

»Endlich!«
sagt Julia.

»Guten Appetit!«
sagt Oma.

»Danke!«
sagt Mama.

»Knurrrr!«
sagt Papas Magen.

Papa sagt gar nichts.
Papa ißt schon.

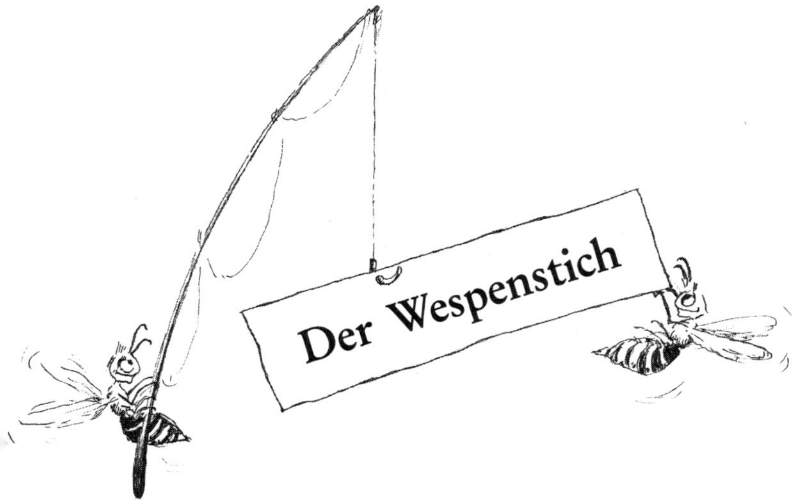

Papa und Erwin
gehen zum Angeln.
Erwin ist Papas Freund.
Max darf auch mit.

Am Abend kommen sie
alle wieder heim.
Erwin trägt zwei Angeln
und zwei Rucksäcke.

Max trägt
seinen kleinen
roten Rucksack
und den Eimer.
In dem Eimer
sind keine Fische.

Papa humpelt hinterher.
Papa trägt nichts.

»Was ist los?«
fragt Mama.
»Frag bloß nicht!«
sagt Papa.
»Ich geh ins Bett.«

»Was war los?«
fragt Julia.

»Es war toll!«
sagt Max.

»Papa hat sich
auf eine Blume gesetzt.
Und auf der Blume
saß eine Wespe.
Und die Wespe
hat Papa gestochen.«

»Wohin?«
fragt Julia.
»Denk mal nach!«
sagt Max.

»In den Po?«
fragt Julia.
»Wohin denn sonst?«
sagt Max und grinst.
Julia kichert.

»Ach du liebe Zeit!«
sagt Mama.
»Der arme Papa!«
Aber Mama kichert auch
ein kleines bißchen.

Mama macht Abendbrot:
Bratkartoffeln
und Spiegelei
und Gurkensalat,
Papas Lieblingsessen.

Max geht zu Papa.
Papa liegt im Bett
auf dem Bauch.

»Soll ich dir
dein Essen bringen?«
fragt Max.
»Ich komm schon«,
sagt Papa.

Alle sitzen am Tisch.
Papa humpelt herein.
Alle sehen ihn an.

Max grinst.
Julia kichert.
Mama hält sich
die Hand vor den Mund.
»Nette Familie!«
brummt Papa beleidigt.

»Setz dich hin!«
sagt Erwin.

Papa setzt sich hin.
»Auuuaaa!«
schreit Papa
und springt auf.

Erwin prustet los.
»Feiner Freund!«
sagt Papa.
Papa bleibt stehen.

Mama füllt für Papa
Bratkartoffeln
und Spiegelei
und Gurkensalat
auf einen Teller.

Julia gibt Papa
eine Gabel.
»Dankeschön!«
sagt Papa.

Max nimmt seinen Teller
und seine Gabel
und stellt sich
neben Papa.

»Hallo Max!«
sagt Papa.
Papa und Max
essen im Stehen.

Aber dann
prustet Papa los.
Er setzt sich hin
und lacht und lacht.

»Das dachte ich mir!«
sagt Erwin.
»Ich kenne dich!«

Papa kocht

Mama ist nicht da.
Mama hat frei.
Papa muß kochen.

»Toll!«
sagt Papa.
»Was kochen wir?«

»Wir kochen Nudeln«,
sagt Max.
»Nudeln sind lecker!«

Max sucht Nudeln.
Nudeln sind nicht da.
Max findet Reis.

»Wir kochen Reis«,
sagt Julia.
»Reis ist lecker!
Reis mit Pilzen.«

Julia sucht Pilze.
Pilze sind nicht da.
Julia findet Erbsen.

»Wir kochen
Reis mit Erbsen«,
sagt Papa.
»Das ist lecker!
Reis mit Erbsen und Ei.«

Papa sucht Eier.
Eier sind nicht da.
Papa findet Käse.

»Toll!«
sagt Papa.
»Es geht los!«

Papa kocht den Reis.
Papa wärmt die Erbsen.
Papa reibt den Käse.

Julia und Max
decken den Tisch.

Dann essen alle drei
Reis mit Erbsen und Käse.
Lecker, lecker, lecker!

Papa muß verreisen

»Nimm mich mit!«
sagt Max.
»Es ist nicht schön
ohne dich.«

Papa tröstet Max.
»Ein andermal
darfst du mit!«

»Nimm uns mit!«
sagt Mama.
Mama gibt Papa
ein Foto:
Max und Mama und Julia
schauen Papa an.

Papa küßt Mama.
»Ich komme bald
wieder heim.«

»Nimm das mit!«
sagt Julia.
Julia gibt Papa
eine kleine Schachtel.

Auf der Schachtel
sind Rosen gemalt.
Aber was ist
in der Schachtel?

In der Schachtel
sind zwei Knöpfe:
ein schwarzer Knopf
und ein weißer Knopf.

In der Schachtel
sind zwei Fäden:
ein weißer Faden
und ein schwarzer Faden.

In der Schachtel
ist eine Nadel.
»Falls du mal
einen Knopf verlierst«,
sagt Julia.
»Danke«, sagt Papa.

In der Schachtel
ist ein Stift,
ein ganz, ganz kleiner.
»Falls du mal
was schreiben mußt«,
sagt Julia

In der Schachtel
ist ein Zettel
mit einer langen Nummer.
Papa kennt sie.
»Falls du mal
anrufen willst«,
sagt Julia.

Auf dem Zettel
steht etwas geschrieben.
»Ich hab dich lieb«,
liest Papa.
»Falls du mal
ganz traurig bist«,
sagt Julia.

Papa umarmt Julia.
»Meine kluge Tochter!«
sagt Papa.
»Nun kann mir
nichts passieren!«

Dann fährt Papa los.
Julia und Mama und Max
stehen vor dem Haus
und winken, winken, winken.

Papa schaut fern

Max geht zu Papa
und sagt GUTE NACHT.
Papa sitzt im Sessel
und schaut fern.
Papa wartet
auf Fußball.

Julia geht zu Papa
und sagt GUTE NACHT.
Papa sitzt im Sessel
und schaut fern.

Papa hört nicht,
was Julia sagt.
Eben gerade
hat Fußball angefangen.

Das Telefon klingelt.
Mama geht ans Telefon
und ruft Papa:
FÜR DICH, TONI!

Papa hört nicht.
Papa schaut fern.
Eben gerade hat einer
ein Tor geschossen.

Mama geht zu Papa
und sagt GUTE NACHT.
Es steht 1 zu 1.
Noch zehn Minuten!

ICH KOMME GLEICH,
sagt Papa.
ICH BIN SCHON MÜDE.
Mama geht ins Bett.

Mitten in der Nacht
wacht Papa auf.
Er sitzt im Sessel.
Der Fernseher rauscht.
Fußball ist lange,
lange aus.